La historia de

la ambientalista

WANGARI MAATHAI

*Para Cecelia, mi abuela, y todos mis estudiantes, ojalá
que puedan echar raíces y florezcan —J. C. J.*

*Para mi madre, Inez Sadler, y mi familia, quienes han
apoyado incondicionalmente mis esfuerzos de artista
desde la infancia —S. L. S.*

La historia de **la ambientalista** WANGARI MAATHAI

por **Jen Cullerton Johnson**

con ilustraciones de **Sonia Lynn Sadler**

traducción de **Rita Elena Urquijo-Ruiz**

LEE & LOW BOOKS INC.
Nueva York

LEE & LOW BOOKS INC.
381 Park Avenue South
New York, NY 10016
leeandlow.com

Traducción del texto por Rita Elena Urquijo-Ruiz
Versión en inglés editada por Jennifer Fox y Kandace Coston
Versión en español editada por Stephanie Frescas Macías
Versión en inglés diseñada por Abhi Alwar
Versión en español diseñada por NeuStudio
Producción del libro por The Kids at Our House
El texto de este libro usa la fuente Volkorn
Fabricado en los Estados Unidos de América

10 9 8 7 6 5 4 3 2 1
Primera edición

Información de catalogación en publicación disponible en la Biblioteca del Congreso de los
Estados Unidos.

ISBN 9781643797571 (paperback) | ISBN 9781643797595 (ebook)

Los hechos contenidos en este texto fueron verificados y todos los hiperenlaces estaban activos en
el momento de la publicación original del libro. Ni la autora ni la editorial se responsabilizan de los
cambios que se hayan realizado desde entonces.

CONTENIDO

CAPÍTULO UNO

UNA PROMESA DE PROTEGER

—Ven —la madre de Wangari le dijo. Ella llamóa su pequeña hija para que se acercara a un árbol alto con el tronco grueso y fino y la corona de hojas verdes ovaladas—. Siente —su madre le susurró.

Wangari extendió sus pequeñas manos sobre el tronco del árbol. Ella acarició suavemente la corteza áspera.

—Éste es el *mugumo* —le dijo su madre—. Es el hogar para muchos. También alimenta a muchos.

Ella cortó un higo silvestre de una rama baja y se lo dio a su hija. Wangari se comió la fruta deliciosa, como hacen los gecos y los elefantes. En lo alto del

árbol trinaban unos pájaros en sus nidos. Las ramas rebotaban con los monos saltarines.

—Nuestra gente, los kikuyu de Kenia, cree que nuestros ancestros descansan a la sombra del árbol —explicó su madre.

Wangari puso los brazos alrededor del tronco, como si abrazara al espíritu de su bisabuela. Ella prometió nunca cortar el árbol.

Los árboles y el ecosistema del bosque

Un *ecosistema forestal* es una comunidad de animales y plantas que **coexisten** en un ambiente de un bosque. Todos los seres vivientes dentro de un ecosistema son **interdependientes**, lo cual significa que trabajan juntos y se apoyan mutuamente para sobrevivir. Si surge algún problema en un área del ecosistema, todas las demás áreas son afectadas. Los árboles son una parte esencial del ecosistema de un bosque y juegan varios roles en mantener balanceado el medio ambiente.

Los árboles controlan el clima de un bosque. Sus grandes hojas verdes bloquean el calor del sol y mantienen frescos el bosque y los animales que viven en él. Las hojas también proveen un refugio para los animales, al protegerlos de la lluvia, de la **luz ultravioleta** (UV) dañina y de los fuertes vientos. ¡Al tener suficientes árboles, un bosque puede afectar la velocidad y la dirección del viento!

Los árboles apoyan la **biodiversidad** al proveer comida para muchos animales. Por ejemplo, las hojas y las ramas de los árboles africanos les dan **nutrición** a los elefantes, los monos y las jirafas. Las aves, las abejas, los murciélagos y muchos insectos toman el néctar de los árboles en flor. Los animales también comen sus frutas. Las frutas, como las manzanas, los higos y las naranjas, tienen semillas dentro. Después de que los animales digieren la fruta, las semillas, pasan a su

Una familia de búhos se agrupa a la sombra de un árbol. Ellos dependen del árbol para refugiarse.

desecho y caen en la tierra, permitiendo que comience de nuevo el ciclo de vida del árbol frutal. Sin los árboles para proveer comida, todas las criaturas que dependen de ellos no podrían sobrevivir.

Los árboles también apoyan a las plantas que los rodean, al absorber los **nutrientes** y el agua del suelo. Cuando llueve, las raíces de los árboles capturan y almacenan el agua de lluvia bajo la tierra para usarla más tarde. El agua subterránea hidrata al árbol y ayuda a las plantas que crecen cerca de él al mantener la tierra húmeda. Las raíces de los árboles también mantienen en su lugar *la capa superior del suelo*, la capa de tierra más cercana a la superficie. La capa superior del suelo está compuesta de materiales **orgánicos**, minerales, agua y aire. La capa superior del suelo saludable proporciona nutrientes a las plantas y árboles. Cuando se talan los árboles, el viento y la lluvia pueden arrancar la capa superior del suelo. Este proceso se llama **erosión** y puede provocar inundaciones y deslizamientos de tierra que afectan negativamente a los arroyos y a los ríos cercanos.

Los ambientalistas quieren proteger el ecosistema forestal porque los árboles ayudan a combatir el cambio climático y son clave para disminuir el *efecto invernadero*. El efecto invernadero ocurre cuando los gases de la atmósfera terrestre —especialmente el **dióxido de carbono** (CO_2)— atrapan el calor del sol, lo que hace que aumente la temperatura de la superficie terrestre y de la atmósfera inferior. Cuando la temperatura de la Tierra aumenta, la temperatura de los océanos y mares también aumenta. Los océanos y los mares más cálidos derriten los glaciares, los glaciares derretidos aumentan el nivel del mar y el aumento del nivel del mar puede causar la muerte de criaturas **acuáticas** y cambiar **drásticamente** las condiciones climáticas. Los árboles ayudan a limpiar el aire al absorber dióxido de carbono y otros gases de la atmósfera y luego liberan oxígeno al medio ambiente para que los animales y las personas respiren. Sembrar más árboles puede ayudar a mejorar la calidad del aire, así como a disminuir la contaminación del aire y la cantidad de personas que padecen de **asma** y otras enfermedades respiratorias.

El efecto invernadero

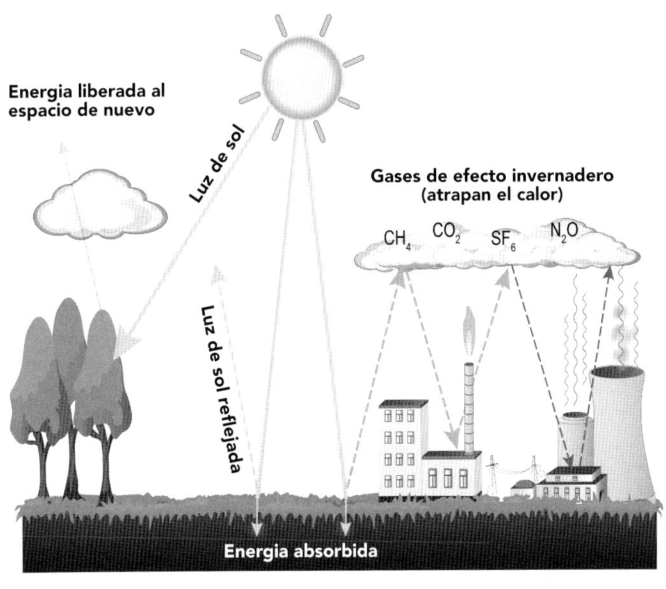

Esta imagen muestra cómo el ciclo del efecto invernadero calienta la tierra. Cuando la luz del sol ingresa en la atmósfera de la Tierra, es absorbida o reflejada por la tierra. Parte de la luz solar reflejada se libera al espacio y otra parte queda atrapada por los gases de efecto invernadero. Los gases de efecto invernadero (como CH$_4$, CO$_2$, SF$_6$, y N$_2$O) son generados por las centrales eléctricas y atrapan la luz solar cerca de la superficie terrestre, calentando la Tierra y su atmósfera inferior.

CAPÍTULO DOS

UNA ESTUDIANTE BRILLANTE

Cada año el mugumo creció, al igual que Wangari. Como era la niña mayor en su familia, tenía muchos quehaceres. Cada día acarreaba agua, clara y dulce, desde el río. En la temporada de lluvia, plantaba camote, **mijo** y frijol. Cuando el sol brillaba intensamente durante la temporada seca, ella espantaba a las gallinas hacia la sombra.

A veces, cuando su hermano Nderitu regresaba de la escuela, él y Wangari jugaban entre las plantas de arrurruz cerca del

arroyo, donde miles de huevos se convirtieron en renacuajos, y los renacuajos se convirtieron en ranas. Durante ese tiempo, Nderitu le contó a Wangari lo que había aprendido en sus clases.

—Las plantas le dan aire a la gente para respirar —le dijo—. Veinte dividido por dos es diez. Hay siete grandes mares para navegar.

Wangari escuchaba tan quieta como un árbol, pero su mente giraba con curiosidad como las corrientes en el arroyo. Aunque ella conocía a pocas niñas kikuyo que sabían leer, Wangari soñaba con asistir a la escuela y aprender, al igual que su hermano.

—Debo asistir a la escuela —le dijo.

—Lo harás —él lo prometió.

Nderitu habló con sus padres y les preguntó:

—¿Por qué Wangari no asiste a la escuela?

Los padres de Wangari sabían que ella era inteligente y trabajadora. Aunque no era común que una niña fuera educada, decidieron mandarla a la escuela. Sabían que ella no los decepcionaría. Después de un tiempo para organizar honorarios y suministros, la madre de Wangari se acercó a ella.

—Asistirás a la escuela
—le dijo a su hija.

Wangari sonrió ampliamente y abrazó a su madre.

—¡Gracias! —dijo, llorando—. Los haré sentirse orgullosos.

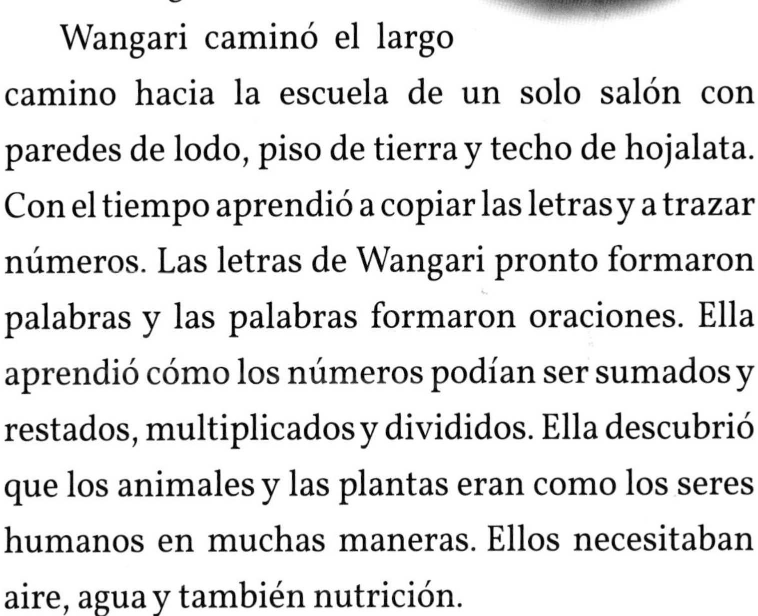

Wangari caminó el largo camino hacia la escuela de un solo salón con paredes de lodo, piso de tierra y techo de hojalata. Con el tiempo aprendió a copiar las letras y a trazar números. Las letras de Wangari pronto formaron palabras y las palabras formaron oraciones. Ella aprendió cómo los números podían ser sumados y restados, multiplicados y divididos. Ella descubrió que los animales y las plantas eran como los seres humanos en muchas maneras. Ellos necesitaban aire, agua y también nutrición.

Cuando Wangari terminó la escuela primaria, tenía once años. Su mente era como la semilla enraizada en tierra fértil, lista para crecer. Quería continuar su educación, pero para hacerlo

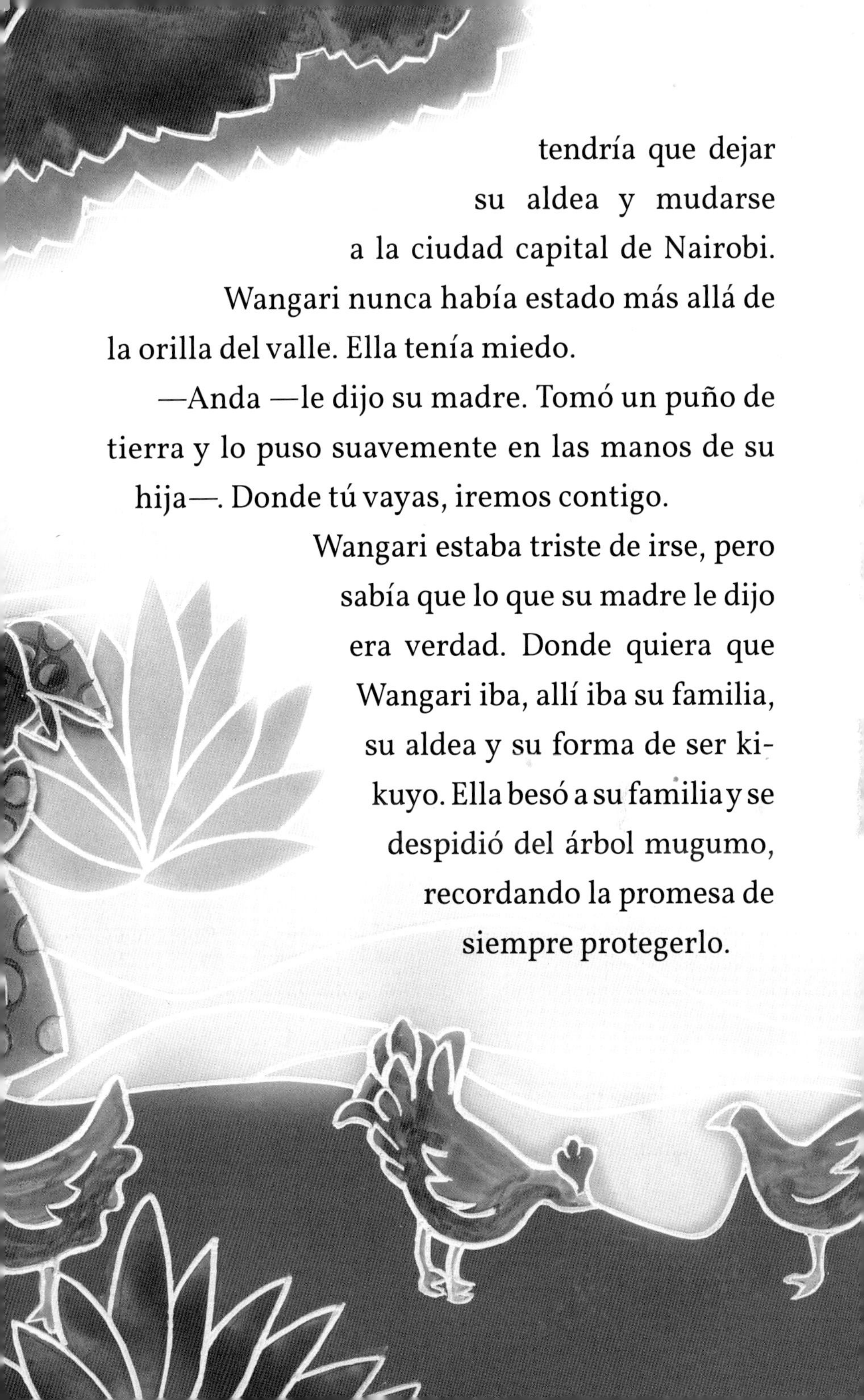

tendría que dejar su aldea y mudarse a la ciudad capital de Nairobi. Wangari nunca había estado más allá de la orilla del valle. Ella tenía miedo.

—Anda —le dijo su madre. Tomó un puño de tierra y lo puso suavemente en las manos de su hija—. Donde tú vayas, iremos contigo.

Wangari estaba triste de irse, pero sabía que lo que su madre le dijo era verdad. Donde quiera que Wangari iba, allí iba su familia, su aldea y su forma de ser kikuyo. Ella besó a su familia y se despidió del árbol mugumo, recordando la promesa de siempre protegerlo.

El sistema escolar en Kenia

Antes de 1963, muy pocas niñas en Kenia asistían a la escuela. Cuando Kenia ganó su independencia del Reino Unido (R. U.), ese año, el nuevo Gobierno comenzó una campaña de educación elemental gratis, y alentó a las niñas a asistir a la escuela. Hoy, por ley, los niños y las niñas en Kenia deben completar su educación primaria y graduarse del octavo grado.

Los jóvenes estudiantes de Kenia asisten a escuelas públicas y privadas. Unos pocos niños kenianos ricos van a internados, donde los estudiantes viven en el campus de la escuela durante el año académico, y regresan a casa para sus vacaciones en abril y agosto. No importa a qué tipo de escuela asistan, todos los estudiantes tienen que llegar allí por su propia cuenta. Algunos viajan en automóvil o toman el autobús, mientras que otros andan en bicicleta o caminan varios kilómetros.

Un día escolar típico dura desde las 8 a.m. hasta las 4 p.m., con un descanso al mediodía para almorzar. Muchos estudiantes traen su propio almuerzo, mientras que algunas escuelas tienen cafetería. Los estudiantes practican deportes como fútbol y cricket, un juego

Aula de jóvenes estudiantes del Centro y Escuela Maji Mazuri, en Nairobi, Kenia.

británico similar al béisbol. Las clases se imparten tanto en inglés como en suajili. El suajili, a veces llamado kisguajili, es un idioma que se habla en muchos países del este de África, incluso Kenia, Tanzania y la República Democrática del Congo.

La calidad de la educación que recibe una estudiante depende de dónde viva, a qué tipo de escuela asista y la proporción de estudiantes por maestro, que compara la cantidad de estudiantes en un aula con la cantidad de maestros. Las clases con proporciones más pequeñas de estudiantes por maestro les permiten a los maestros dedicarle más tiempo y atención a cada estudiante, lo que puede mejorar la calidad de la educación de los estudiantes. En algunas zonas rurales pobres, la proporción entre profesores y estudiantes podría ser de un profesor por cada setenta y cinco o más estudiantes. En un suburbio rico de Nairobi, la capital de Kenia, la proporción entre profesores y estudiantes podría ser de uno a veinticinco o menos. Generalmente, todos los estudiantes estudian las mismas materias como matemáticas, lectura, ciencias e historia.

Algunos estudiantes en Kenia abandonan sus estudios después del octavo grado. Esto es más común entre estudiantes de familias que no pueden pagar las matrículas escolares. Es posible que las niñas y los niños necesiten mantener a sus familias trabajando en el campo y en las fábricas en lugar de asistir a la escuela. Otros deben cuidar a sus hermanos menores mientras sus padres trabajan. Los estudiantes que continúan su educación más allá del octavo grado deben tomar un examen para ingresar a la escuela preparatoria. Muchos de ellos se gradúan de la escuela preparatoria y asisten a colegios y universidades.

CAPÍTULO TRES

UN BROTE DE BRILLANTEZ

La vida nueva de Wangari en la ciudad la asombraba. Los rascacielos, en lugar de los árboles, se elevaban por encima de su cabeza. La gente se apresuraba por las calles como el agua del río sobre las piedras. En la escuela, ella vivía con otras niñas como ella; todas trataban de entretejer las costumbres de su aldea con las nuevas de la ciudad. Por las noches, cuando las niñas dormían, Wangari soñaba con su hogar y los dulces higos del árbol mugumo.

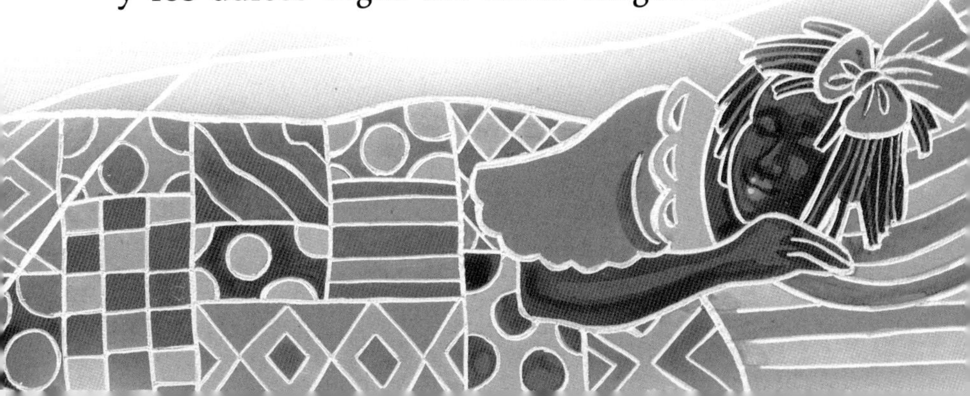

Sus sueños le recordaban honrar su tradición kikuyo de respetar a todos los seres vivos.

Wangari era una estudiante excelente y la ciencia se convirtió en su materia favorita. Le encantaba especialmente estudiar seres vivos. El aire, aprendió, estaba compuesto de dos **moléculas** de oxígeno unidas entre sí. Los cuerpos estaban compuestos de células. Las hojas cambiaban de color por la **fotosíntesis**.

Al acercarse su graduación, Wangari les dijo a sus amistades que quería convertirse en **bióloga**.

—No muchas mujeres nativas se convierten en científicas —le dijeron.

—Yo lo haré —dijo ella.

Wangari tendría que viajar al otro lado del mundo, a los Estados Unidos, para estudiar biología. Nunca había salido de Kenia y tenía poco dinero. Pero con la ayuda de sus maestros, se ganó una beca para asistir a una universidad en Kansas.

Los Estados Unidos eran muy diferentes a Kenia. En la universidad, muchas de las profesoras de ciencia de Wangari eran mujeres. De ellas aprendió que una mujer podía hacer cualquier cosa que quisiera, aun cuando no hubiera sido logrado antes. Mientras Wangari descubría cómo las moléculas se mueven bajo un lente de microscopio y cómo las células se dividen en una **placa de Petri**, también encontró su fuerza como mujer científica.

CAPÍTULO CUATRO

LAS SEMILLAS DE UNA IDEA

Después de graduarse de la universidad, Wangari viajó a Pensilvania para continuar sus estudios. Las cartas de su casa le contaron a Wangari sobre algunos cambios en Kenia. La gente había elegido a Jomo Kenyatta, un presidente kikuyo. Orgullosa de su país y orgullosa de ser kikuyo, Wangari decidió regresar a su casa en Kenia para ayudar a su gente.

Los Estados Unidos habían cambiado a Wangari. Ella había descubierto un espíritu de posibilidad y libertad que quería compartir con las mujeres de Kenia. Aceptó una plaza de profesora en la Universidad de Nairobi. No muchas mujeres eran profesoras en ese

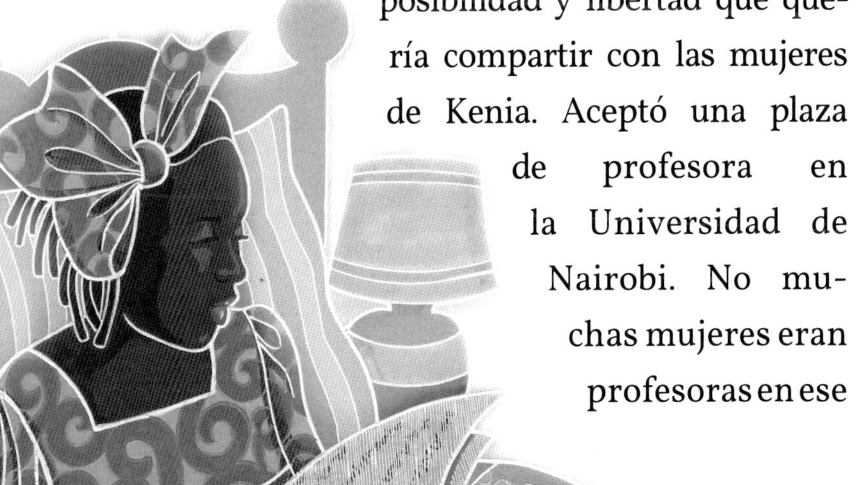

entonces y aún menos enseñaban ciencia. Wangari abrió el camino para otras mujeres y niñas. Trabajó por los derechos de igualdad para que las mujeres científicas fueran tratadas con el mismo respeto que los hombres científicos.

Wangari observaba tristemente mientras su gobierno les vendía más y más tierras a las compañías extranjeras que talaban los bosques para obtener **madera** y para preparar la tierra para las plantaciones de café. Los árboles nativos como el cedro y la acacia desaparecieron. Sin árboles, los pájaros no tenían lugar para hacer sus nidos. Los monos perdieron sus columpios. Las madres, cansadas, caminaban kilómetros para conseguir leña.

Cuando Wangari visitó su aldea, vio que la

tradición kikuyo de no cortar los árboles mugumo se había perdido. El suelo, al no ser contenido por las raíces de los árboles, fluyó hacia el río. El agua que había sido usada para sembrar **maíz**, plátano y camote se convirtió en lodo y se secó. Muchas familias pasaban hambre.

Wangari no soportaba pensar en la destrucción de la tierra. Ahora ya casada y como madre de tres niños, le preocupaba qué pasaría con todas las madres y los niños que dependían de la tierra.

—Debemos hacer algo —dijo Wangari.

Wangari tuvo una idea tan pequeña como una semilla, pero tan alta como un árbol que quiere llegar al cielo.

—¡*Harambee*! ¡Trabajemos juntas! —les dijo a sus compatriotas, madres como ella. Wangari

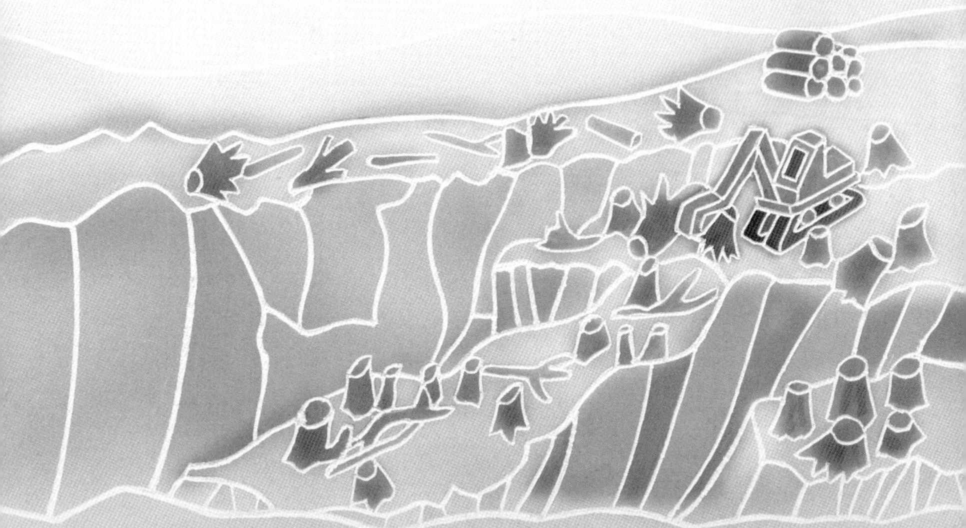

escarbó profundamente en el suelo, con un brote a su lado—. Debemos sembrar árboles.

Muchas mujeres la escucharon. Muchas sembraron plantas de semillero. Algunos hombres se rieron y se burlaron. El sembrar árboles era trabajo de mujeres, dijeron. Otros se quejaron de que Wangari era demasiado franca, con muchas opiniones y demasiada educación para una mujer.

Wangari se negó a escuchar a quienes la criticaban.

En cambio, ella les dijo:

—Esos árboles que [ustedes] están talando ahora, no fueron plantados por [ustedes], sino por aquellos que vinieron antes. [Ustedes] deben sembrar árboles que beneficien a la comunidad futura... Como un brote con sol, buena tierra y lluvia abundante, las raíces de nuestro futuro se enterrarán en la tierra y un **pabellón** de esperanza llegará hasta el cielo.

La deforestación

La deforestación es un proceso de talar árboles para crear espacios abiertos de tierra. Puede ocurrir naturalmente cuando los árboles se caen en una avalancha de tierra o cuando se queman en un fuego forestal, pero hoy la causa más común de la deforestación es el ser humano y su necesidad de expandirse. La gente frecuentemente tala grandes áreas forestales para construir casas, fábricas o centros comerciales. Las corporaciones también usan la madera de los árboles para hacer y vender papel o para construir casas.

Una vez que la tierra se ha limpiado de árboles, el ecosistema local es destruido lo cual impacta a otros **organismos** vivos. Las criaturas como las aves, los insectos y los animales pequeños pierden sus **hábitats**, lo que dificulta su supervivencia y aumenta el riesgo de que sean **extinguidos**. Sin los árboles que obstruyan el viento o sin sus raíces que detengan la tierra y el agua cuando llueve, se ocasiona la erosión dejando así la tierra seca, polvorienta y como un desierto. De esta forma, la deforestación puede contribuir al cambio climático.

La deforestación es un problema complicado. Esto ocurre principalmente en países en vías de desarrollo, donde hay un alto nivel de pobreza y un nivel bajo de educación. La gente necesita espacio para vivir, madera para construir y tierra para cultivar, por lo cual recurren a la deforestación.

Por varias décadas, muchas personas pensaron que la necesidad humana **superaba** las cuestiones planteadas por la deforestación. Ahora las cosas están cambiando. La gente se da cuenta de que el lastimar al medio ambiente lastima a las generaciones futuras.

El humo perdura después de un fuego en la selva tropical amazónica a lo largo de la orilla del río en Ecuador, Sudamérica.

Los ambientalistas están trabajando con los países en vías de desarrollo para buscar algunas formas más **sostenibles** para crear viviendas, leña y trabajos, sin dañar al medioambiente. Algunos programas están practicando la poderosa solución de la reforestación. La reforestación es cuando la gente vuelve a sembrar árboles en un área para que el bosque pueda volver a crecer. Esto sucede alrededor del mundo, en cada país donde los bosques han sido talados. Organizaciones como Greenpeace (Pazverde) y el Club Sierra se asocian con gente joven y sus comunidades para sembrar árboles.

Wangari viajó a las aldeas, a los pueblos y a las ciudades con árboles jóvenes y semillas, palas y azadones. En cada lugar que iba, las mujeres sembraban filas de árboles que parecían cinturones verdes a través de la tierra. Por ello empezaron a llamarse el Movimiento Cinturón Verde.

—Quizás no cambiemos el mundo en grande, pero podemos cambiar el paisaje del bosque —dijo Wangari.

Un árbol se convirtió en diez, diez en cien, cien en un millón, hasta llegar a treinta millones de árboles sembrados. Kenia se volvió verde de nuevo. Los pájaros anidaron en árboles nuevos. Los monos se columpiaban en las ramas. Los ríos se llenaron de agua limpia. Los higos silvestres crecieron en grandes cantidades en las ramas de los mugumos.

Las madres les dieron de comer a sus hijos maíz, plátanos y camotes, hasta que ya no pudieron comer más.

Los roles cambiantes de las mujeres en Kenia

Kenia estuvo bajo el sistema gobernante colonial del Reino Unido por sesenta y ocho años, desde 1895 hasta 1963. Durante este tiempo, los kenianos fueron forzados a obedecer las leyes **impuestas** sobre ellos por el Reino Unido. La gente no tenía el poder de autogobernarse, o de votar o de poseer tierras, y la gente keniana sufría, especialmente las mujeres. Los hombres, ya fueran padres, hermanos o esposos, tomaban las decisiones por las mujeres y las niñas en sus familias, incluso sobre con quién y cuándo se casarían. La mayoría de las mujeres no tenían carreras profesionales, pero cultivaban la tierra, cuidaban a los niños y permanecían en casa. Pocas mujeres trabajaban fuera de casa y pocas niñas asistían a la escuela. En 1963, Kenia se convirtió en una nación independiente y la gente keniana tuvo el poder de crear un país libre para todos, aun para las mujeres.

Los roles de las mujeres kenianas comenzaron a expandirse mientras ellas luchaban por el acceso a la educación, al cuidado de la salud y a la vivienda asequible. En 1969 la primera mujer fue elegida al recién formado **Parlamento** keniano, evidencia del progreso que las mujeres estaban creando. En la década de 1970, las mujeres kenianas se unieron a otras **activistas** en el movimiento de los derechos civiles de las mujeres, un esfuerzo mundial que involucraba a la gente que se oponía a las leyes y prácticas que discriminaban a las mujeres basándose en su género.

Mujeres activistas de Kenia, Uganda, Tanzania, Ruanda y Bunduri marchan en Nairobi, Kenia, para protestar el matrimonio infantil y otras formas de violencia e inequidad contra las mujeres, 2015.

Las mujeres kenianas continuaron trabajando juntas a través del Movimiento Cinturón Verde. El Movimiento Cinturón Verde comenzó a finales de la década de 1970 con unas cuantas mujeres lideradas por Wangari Maathai. Wangari y su equipo vieron los efectos devastadores de la deforestación y su impacto en las mujeres, que tenían que caminar varios kilómetros para conseguir leña y que ya no tenían una fuente estable de comida. Decidieron que iban a enseñarle a las mujeres a sembrar árboles. A cada mujer se le pagaría una pequeña cantidad por los árboles que sembrara y por cuidar de los árboles. El grupo comenzó localmente, apoyando a las mujeres en áreas rurales, y se convirtió en un movimiento internacional que influye a los jóvenes y ahora las organizaciones internacionales alrededor del mundo.

Las mujeres kenianas continúan dando grandes pasos hacia un mejor cuidado de salud, en contra de la discriminación de género y por la igualdad de oportunidades en la educación y en la fuerza laboral. Su progreso en las últimas décadas es inequívoco. Hoy las mujeres kenianas tienen más oportunidades para vivir la vida que ellas quieran.

CAPÍTULO CINCO

LA MADRE DE LOS ÁRBOLES

A medida que el Movimiento Cinturón Verde avanzaba por todo Kenia, unas voces poderosas se alzaron contra el movimiento de Wangari. La gente de negocios extranjera, codiciosa de tener más tierra para sus plantaciones de café y árboles para su madera, preguntaron:

—¿Quién es esta mujer que puede cambiar tantas vidas con un brote? ¿Porqué renunciar a nuestra tierra y a nuestras ganancias por unos árboles?

—Ellos idearon un plan para detener a Wangari.

Un día, mientras ella estaba sembrando un árbol, unos empresarios ricos les pagaron a oficiales corruptos de la policía para arrestar a Wangari.

En su celda, Wangari rezó. Y como un árbol fuerte contra un viento poderoso, su fe la mantuvo fuerte. En lugar de rendirse, formó amistad con las otras mujeres prisioneras. Ellas le contaron sus historias. Ella les contó sobre sus semillas y plantas de semillero. Juntas se ayudaron.

Wangari conocía a mucha gente en Kenia y en otros países. Ellos se unieron para luchar por su libertad. Antes de ser liberada, Wangari les prometió a las otras prisioneras que lucharía por sus derechos también.

Wangari se dio cuenta de que a la gente que la había metido a la cárcel no le

gustaban los cambios en la tierra o en las mujeres. La gente a cargo de las grandes compañías
quería mantener la tierra para sí misma, y el gobierno estaba asustado de tantos avances hechos
por las mujeres. Si ella quería ayudar a salvar su
país y a sus compatriotas, Wangari tendría que
salir al mundo a difundir su mensaje. Ella tendría
que dejar su hogar una vez más.

Wangari comenzó a viajar y a compartir su historia con maestros, presidentes, agricultores, **embajadores** y estudiantes de todo el mundo. Ella escarbó en la tierra, sembró plántulas y habló sobre los derechos de las mujeres. Con cada persona que conoció compartió las semillas del cambio.

Con el tiempo, Kenia cambió. Más gente

escuchó el mensaje de Wangari y la apodaron Mamá Miti, "la madre de los árboles". Querían que ella los guiara hacia la nueva democracia de Kenia. Wangari fue elegida al parlamento de Kenia y se convirtió en la **ministra** del Medio Ambiente.

Aún así, ella no dejó de sembrar árboles.

Cómo sembrar un árbol

El sembrar árboles es una manera divertida y poderosa de luchar contra el cambio climático y de aprender más sobre cómo crecen los árboles. Aquí tienes algunos consejos básicos que necesitas saber si quieres sembrar un árbol.

El planear antes de sembrar: Antes de comenzar, tendrás que decidir dónde sembrarás tu árbol. Cuando escojas un lugar, estudia cuánta luz solar natural, cuánta sombra y cuánta agua hay en esa área. Esto también te ayudará a decidir qué tipo de árbol escoger. Puedes comprar un árbol en tu vivero local, pedirlo por internet o asociarte con una organización que regale árboles. La mejor época para sembrar un árbol es generalmente en el otoño o la primavera, para que las raíces del árbol puedan asentarse en el subsuelo antes de ser expuestas a un clima muy caliente en el verano o un clima helado en el invierno. Verifica con un **arbolista** local sobre el mejor tiempo para sembrar tu árbol.

El sembrar tu árbol: Necesitarás una pala, **mantillo**, acceso a agua ¡y tu árbol!

Antes de escarbar, pídele a un adulto que busque

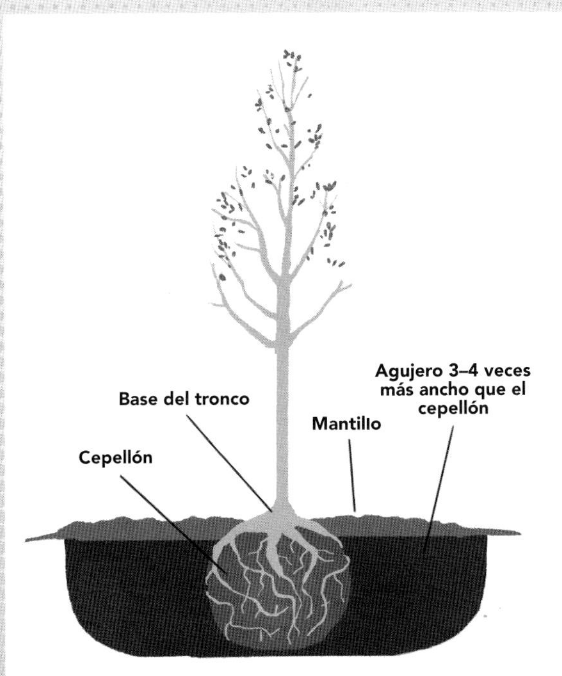

dónde están enterrados los cables o tubos de los **servicios públicos**, y asegúrate de que ni el nuevo agujero ni tu nuevo árbol les ocasionen ningún daño.

Con la guía de un adulto, usa la pala para escarbar un agujero que sea de tres a cuatro veces más grande que el recipiente o el saco de arpillera del árbol. Pon la tierra que escarbaste a un lado. Saca el árbol del contenedor o quítale el saco de arpillera cuidadosamente para no romper el árbol o lastimar sus raíces. Pon el árbol con las raíces hacia abajo en medio del agujero. Usa la tierra que pusiste a un lado para rellenar el agujero. Compacta la tierra alrededor del árbol para deshacerte de cualquier bolsa de aire. Al llenar el agujero de tierra, asegúrate de que el árbol esté bien plantado y que el tronco del árbol esté derecho y apuntando hacia arriba. Dale al árbol un buen trago de agua y luego agrega una capa de mantillo alrededor del árbol a tres o cuatro pulgadas de distancia del tronco. Mantén el mantillo y la tierra húmedos, pero no regado en exceso.

El cuidado de tu árbol: los árboles necesitan ser regados durante las estaciones en que el clima es seco o caliente. También necesitan ser protegidos del frío en el invierno. Pregúntale a un arbolista local sobre la mejor manera de cuidar específicamente de tu árbol y cómo revisar la salud de tu árbol cada dos o tres años.

Puedes conectarte con jóvenes alrededor del mundo que disfrutan de sembrar árboles. Algunos grupos como Plant the Planet (Sembrar el Planeta) ayudan a estudiantes a involucrarse en la justicia global y luchar contra el cambio climático. ¡La meta del grupo es sembrar un trillón de árboles alrededor del mundo! Reúnete con tus amistades y compañeros de clase para crear sus árboles de cambio, como Wangari Maathai.

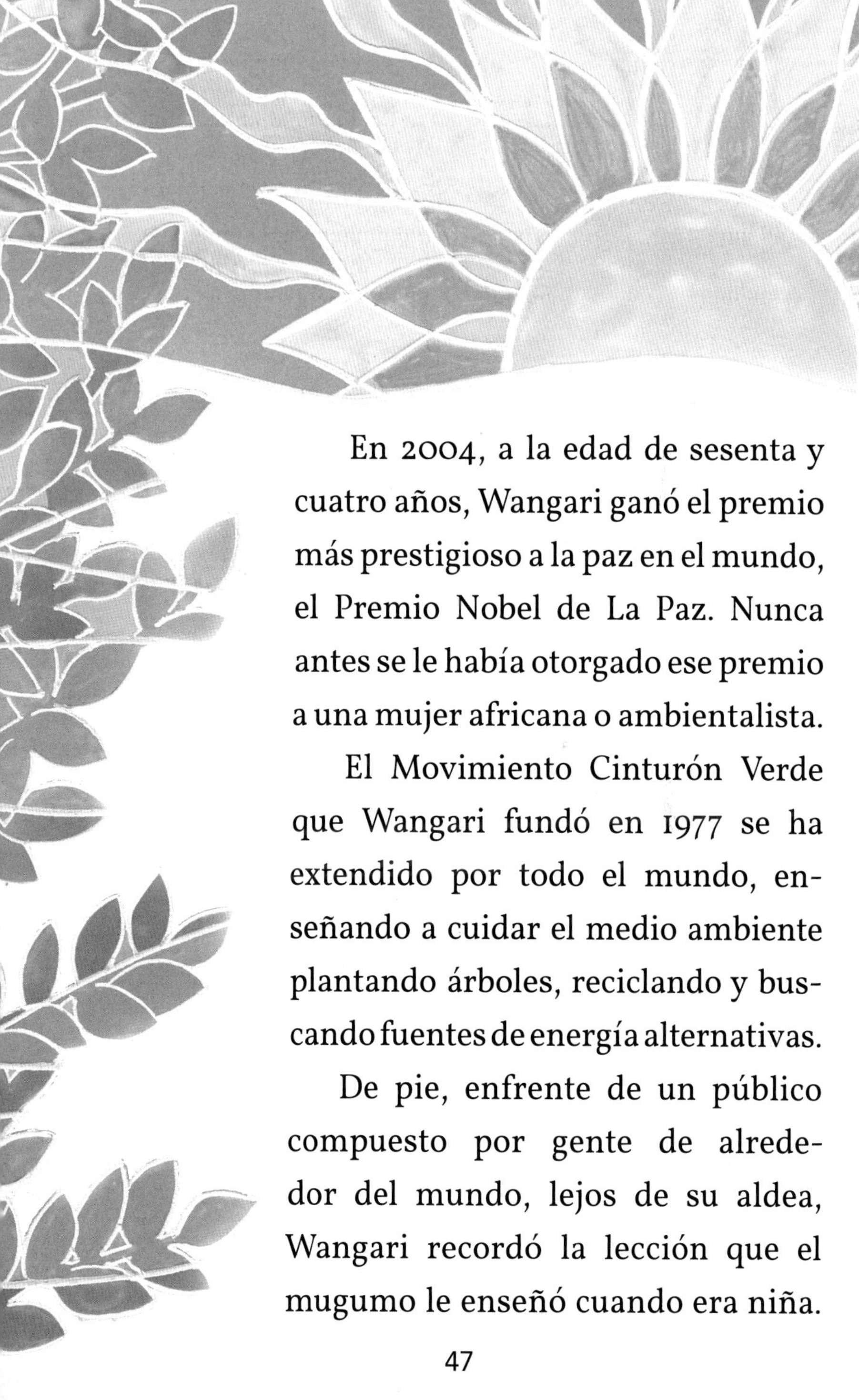

En 2004, a la edad de sesenta y cuatro años, Wangari ganó el premio más prestigioso a la paz en el mundo, el Premio Nobel de La Paz. Nunca antes se le había otorgado ese premio a una mujer africana o ambientalista.

El Movimiento Cinturón Verde que Wangari fundó en 1977 se ha extendido por todo el mundo, enseñando a cuidar el medio ambiente plantando árboles, reciclando y buscando fuentes de energía alternativas.

De pie, enfrente de un público compuesto por gente de alrededor del mundo, lejos de su aldea, Wangari recordó la lección que el mugumo le enseñó cuando era niña.

Ella entendió que la persistencia, la paciencia y el compromiso —con una idea tan pequeña como una semilla, pero tan alta como un árbol que llega hasta el cielo— tienen que ser sembrados en el corazón de cada niño.

—Jóvenes, ustedes son nuestra esperanza y nuestro futuro —dijo.

Y luego, como había hecho tantas veces antes, Wangari sembró un árbol.

-A través del Movimiento Cinturón Verde, hemos ayudado a los jóvenes a involucrarse en actividades ambientales. Hemos tratado de inculcarles la idea de que proteger el medio ambiente no es sólo un placer, sino también un deber.

CRONOLOGÍA

1940 Nace el 1 de abril en Nyeri, Kenia, y es nombrada Wangari Muta

1948 Empieza a asistir a la escuela primaria local

1960 Es seleccionada para estudiar en Estados Unidos a través de un programa patrocinado por el Senador John F. Kennedy. Viaja a Estados Unidos para asistir al Colegio de Mount St. Scholastica (el cual ahora se llama Colegio Benedictine), en Kansas

1964 Se gradúa del Colegio Mount St. Scholastica con una licenciatura en Biología

1966 Se gradúa de la Universidad de Pittsburgh con una Maestría en Biología

1966 Regresa a Kenia

1967 Viaja a Alemania para doctorarse por la Universidad de Giessen y la Universidad de Múnich

1968 Regresa a Kenia para ejercer como profesora en el Colegio Universitario de Nairobi (ahora se llama la Universidad de Nairobi)

1969 Se casa con Mwangi Mathai

1970 Nace el primero de sus tres hijos

1971 Se gradúa del Colegio Universitario de Nairobi con un doctorado en anatomía veterinaria, convirtiéndose en la primera mujer del este de África en recibir un doctorado

1977 Funda el Movimiento Cinturón Verde (Green Belt Movement)

1979 Se divorcia de Mwangi Mathai; cuando él exige que se quitara su apellido, opta mejor por agregarle una segunda "a"

1982 Se postula como candidata al Parlamento, pero es descalificada por una excusa técnica; empieza a enfocarse de tiempo completo al activismo con el Movimiento Cinturón Verde

1986–1989 El Movimiento Cinturón Verde se expande a través de África

1992 Es arrestada por su activismo prodemocracia; los cargos son retirados más tarde ese mismo año

1997 Sin éxito, se postula para un puesto en el Parlamento y para la presidencia de Kenia

2002 Es elegida para un puesto en el Parlamento

2003 Es nombrada Ministra Asistente en el Ministerio para el Medioambiente y los Recursos Naturales; publica su libro *The Green Belt Movement: Sharing the Approach and the Experience (El Movimiento Cinturón Verde: Compartiendo el enfoque y la experiencia)*

2004 Recibe el Premio Nobel de la Paz

2008 Publica su libro autobiográfico *Unbowed (Desatada)*

2009 Es nombrada Mensajera de la Paz por la Secretaría General de la Organización de las Naciones Unidas

2010 Funda el Instituto Wangari Maathai para los Estudios de la Paz y el Medioambiente

2011 25 de septiembre: Muere en Nairobi, Kenia, a la edad de 71 años

GLOSARIO

activista *sustantivo* una persona que apoya o actúa públicamente para crear cambios en la sociedad o el gobierno

acuática *adjetivo* que vive en el agua

arbolista *sustantivo* una persona que se especializa en el cuidado de los árboles

asma *sustantivo* una condición física que dificulta la respiración humana

biodiversidad *sustantivo* una gran variedad de plantas y animales que viven en un medioambiente

bióloga *sustantivo* una persona que estudia la biología, la ciencia de los seres vivientes

coexistir *verbo* existir en el mismo lugar en que otro ser viviente vive

dióxido de carbono *sustantivo* un gas compuesto de carbono y oxígeno, que los animales exhalan y las plantas inhalan

drásticamente *adverbio* severamente

embajador *sustantivo* un funcionario del gobierno de alto rango que representa a su país dentro del territorio de un país diferente

erosión *sustantivo* el proceso gradual de desgaste de la superficie de la Tierra por las fuerzas naturales como el viento y la lluvia

extinguido *adjetivo* que ya no sobrevive o existe

fotosíntesis *sustantivo* el proceso por el cual las plantas usan la luz solar para producir comida

hábitat *sustantivo* el tipo de lugar donde una planta o un animal se encuentra naturalmente

impuestas *adjetivo* que es forzada

interdependiente *adjetivo* depender de alguien más para sobrevivir

luz ultravioleta *sustantivo* rayos de luz que no pueden ser vistos por los humanos porque existen más allá del espectro violeta de la luz visible

madera *sustantivo* parte sólida de los árboles, cubierta por la corteza

maíz *sustantivo* elote o choclo

mantillo *sustantivo* una combinación de hojas, composta y piezas de madera y otros materiales que se esparcen en el suelo para ayudar a mantener húmeda la tierra debajo y prevenir que crezcan las malas hierbas

mijo *sustantivo* cierto tipo de hierba que se siembra para obtener su semilla, que comúnmente se utiliza como comida

ministra *sustantivo* un oficial que supervisa un tema o un área especial del gobierno

molécula *sustantivo* una partícula compuesta de dos o más átomos que juntos crean la cantidad más pequeña posible de una sustancia

nutrición *sustantivo* comida y otras sustancias necesarias para la vida y el crecimiento saludable

nutriente *sustantivo* una sustancia que los seres vivientes necesitan para crecer y estar saludables

orgánico *adjetivo* que tiene que ver con los seres vivientes

organismos *sustantivo* seres vivientes

pabellón *sustantivo* una cubierta hecha de tela o de otro material delgado que se usa como techo

parlamento *sustantivo* la legislatura nacional en algunos países, muy parecido al Congreso de Estados Unidos

placa de Petri *sustantivo* un recipiente pequeño y poco profundo hecho de plástico o vidrio transparente que se usa en los laboratorios de ciencia para contener y estudiar pequeñas cantidades de algo

servicios públicos *sustantivo* servicios de electricidad, agua, gas o drenaje

sostenible *adjetivo* que usa formas que no dañan al medio ambiente natural

superar *verbo* ser más importante o más grande que otra cosa

FUENTES DEL TEXTO

Fowler, Susanne. "Arrest of Kenya Leader Maathai Draws Fire." *Chicago Tribune.* 26 de enero de 1992. https://www.chicagotribune.com/news/ct-xpm -1992-01-26-9201080534-story.html.

Frängsmyr, Tore, ed. "Wangari Maathai Biographical." NobelPrize.org. https://www.nobelprize.org/prizes /peace/2004/maathai/biographical/.

The Green Belt Movement. "Biography." The Green Belt Movement. https://www.greenbeltmovement.org /wangari-maathai/biography.

Maathai, Wangari. *The Green Belt Movement: Sharing the Approach and the Experience.* New York: Lantern Books, 2006.

———.*Unbowed: A Memoir.* London: Arrow Books, 2009.

FUENTES DE LAS CITAS

p. 15: "¿Por qué...escuela?" *Desatada (Unbowed: A Memoir)*, por Wangari Maathai, p. 40.

p. 30: "Esos árboles... el cielo". Ibid., p. 289.

p. 48: "la persistencia, la paciencia y el compromiso". *The Green Belt Movement: Sharing the Approach and the Experience*, por Wangari Maathai, p. 12.

p. 48: "Jovenes... nuestro futuro". Adaptado de la transcripción del discurso de aceptación del Premio Nobel de Wangari Maathai: https://www.nobelprize .org/prizes/peace/2004/maathai/lecture/

FUENTES DE LAS NOTAS INFORMATIVAS

LOS ÁRBOLES Y EL ECOSISTEMA DEL BOSQUE

"Fun Facts for Kids on Animals, Earth, History and More!" DK Find Out! Accedido 19 de junio de 2019. https://www.dkfindout.com/us/animals-and-nature /plants/trees/. *[Este hiperlance ya no esta activo.]*

Ingoglia, Gina. *The Tree Book: For Kids and Their Grown-ups*. Brooklyn, NY: Brooklyn Botanic Garden, 2016.

"Learning about Trees." PBS. Adventures in Learning with Jennifer Cooper. Accedido 21 de octubre de 2013. https://www.pbs.org/video/ adventures-learning -learn-about-trees/. *[Este hiperlance ya no esta activo.]*

EL SISTEMA ESCOLAR EN KENIA

"Education in Kenya." World Education News & Reviews. 2 de junio de 2015. Accedido 19 de junio de 2019. https://wenr.wes.org/2015/06/education-kenya.

National Geographic Society. "Kenya." National Geographic Kids. Accedido 19 de junio de 2019. https://kids.nationalgeographic.com /explore/countries/kenya/.

DEFORESTACIÓN

"Deforestation and Forest Degradation." WWF. Accedido 19 de junio de 2019. https://www.worldwildlife.org /threats/deforestation-and-forest-degradation.

Nunez, Christina. "Why deforestation matters—and what we can do to stop it." National Geographic. 7 de diciembre de 2022. https://www.nationalgeographic .com/environment/article/deforestation.

EL CAMBIO DE ROLES DE LAS MUJERES EN KENIA

"Kenya." UN Women. Accedido 19 de junio de 2019. http://africa.unwomen.org/en/where-we-are /eastern-and-southern-africa/kenya.

Maathai, Wangari. *The Green Belt Movement: Sharing the Approach and the Experience.* New York, NY: Lantern Books, 2006.

———. *Unbowed: A Memoir.* London: Arrow Books, 2009.

Swift, Jaimee A. "African Women and Social Movements in Africa." *Black Perspectives.* 18 de julio de 2017. https://www.aaihs.org/african-women-and -social-movements-in-africa/.

CÓMO SEMBRAR UN ÁRBOL

"How to Plant Balled and Burlapped Trees." Arbor Day Foundation. Accedido 19 de junio de 2019. https://www.arborday.org/planting-your-tree /how-plant-balled-burlapped-trees.

"Planting Potted Trees." Arbor Day Foundation. Accedido 19 de junio de 2019. https://www.arborday.org /planting-your-tree/how-plant-containerized-trees.

Plant for the Planet. Accedido 19 de junio de 2019. https://www.plant-for-the-planet.org/.

LECTURAS ADICIONALES Y RECURSOS RECOMENDADOS

Los libros de ficción están marcados con un asterisco.
Los recursos en español están subrayados.

MUJERES EN LAS CIENCIAS

Alonso López, Javier. *Jane Goodall: La mejor amiga de los chimpancés y de la naturaleza*. Barcelona, España. Shackleton Kids, 2019.

*Choldenko, Gennifer. *Chasing Secrets*. New York: Penguin, 2016.

Ignotofsky, Rachel. *Mujeres de ciencia: 50 pioneras intrépidas que cambiaron el mundo*. Mexico City: Santillana, 2017.

Shetterly, Margot Lee. *Hidden Figures*. Young Readers' Edition. New York: HarperCollins Children's Books, 2016.

ACTIVISMO

Clinton, Chelsea. *It's Your World: Get Informed, Get Inspired & Get Going!* New York: Philomel/Penguin, 2017.

*Hiaasen, Carl. *Hoot: la odisea de los búhos*. Miami: Penguin, 2021.

Hopkins, Joseph H. *The Tree Lady: The True Story of How One Tree-Loving Woman Changed a City Forever*. New York: Simon & Schuster, 2013.

Hopkinson, Deborah. *What Is the Women's Rights Movement?* What Was? series. New York: Penguin, 2018.

Thompson, Laurie Ann. *Be a Changemaker: How to Start Something That Matters*. New York: Simon & Schuster, 2014.

GANADORES DEL PREMIO NOBEL DE LA PAZ

Abouraya, Karen Leggett. *Malala Yousafzai: Guerrera con palabras.* New York: Lee & Low Books, 2019.

Gigliotti, Jim. *¿Quién fue la Madre Teresa?* Quien Fue? serie. Miami: Santillana USA, 2015.

Stone, Tanya Lee. *The House That Jane Built: A Story About Jane Addams.* New York: Henry Holt/Macmillan, 2015.

Yoo, Paula. *The Story of Banker of the People Muhammad Yunus.* New York: Lee & Low Books, 2019.

ORGANIZACIONES DE CONSERVACIÓN

The Green Belt Movement (Movimiento Cinturón Verde): https://www.greenbeltmovement.org

Greenpeace (Pazverde): https://www.greenpeace.org/usa/issues/espanol/

Plant for the Planet (Planta para el Planeta): https://www.plant-for-the-planet.org/es/

The Sierra Club: https://www.sierraclub.org/ecocentro

United States Environmental Protection Agency (Agencia de Protección Ambiental de Estados Unidos): https://espanol.epa.gov/

SOBRE LA AUTORA Y LA ILUSTRADORA

JEN CULLERTON JOHNSON es escritora, educadora y ambientalista con maestrías en escritura de no ficción y desarrollo curricular. Ha enseñado en países alrededor del mundo y ahora enseña en una escuela primaria del centro de la ciudad de Chicago, donde también imparte talleres de escritura. Se inspiró en la dedicación de Wangari Maathai a las mujeres y al medio ambiente. Se puede encontrar a Johnson en línea en jencullertonjohnson.com.

SONIA LYNN SADLER fue una ilustradora y artista plástica. Cuando era joven, viajó a muchos países y vivió en cinco estados diferentes de Estados Unidos. Finalmente aterrizó en Maryland y después en Nueva Jersey. Sadler se centró en representar las culturas, las vidas y las historias de los pueblos de ascendencia africana. Su libro *Semillas de cambio (Seeds of Change)* le ganó el Premio Coretta Scott King/John Steptoe al Nuevo Talento. Su estilo único empleó una variedad de técnicas y medios, desde la acuarela hasta la tabla de rascar, y se inspiró en las colchas. Ella falleció en septiembre de 2013. El Premio Sonia Lynn Sadler de Ilustración es un premio anual que honra la diversidad en los libros infantiles ilustrados.

SOBRE LA TRADUCTORA

RITA ELENA URQUIJO-RUIZ es una educadora, escritora, traductora y activista Mexicana/Chicana. Recibió un doctorado en literatura por la Universidad de California en San Diego y es profesora de literatura y cultura Latina/Latinx y estudios LGBT en Trinity University en San Antonio, Texas. Los títulos que ha traducido para Lee & Low incluyen *Semillas de cambio*, *Jugo fresco*, *La pequeña Melba y su gran trombón* y *Donde las maravillas crecen*. En 2024, su traducción de *Semillas de cambio* ganó el Premio Campoy-Ada.